AF329558

LE
DROIT COUTUMIER

DES

KHEVSOURES

(PEUPLADE CAUCASIENNE)

PAR

Victor DINGELSTEDT

MEMBRE DES SOCIÉTÉS DE GÉOGRAPHIE DU CAUCASE, D'ÉCOSSE ET DE GENÈVE
AUTEUR DU « RÉGIME PATRIARCAL. »

PARIS

ERNEST THORIN, ÉDITEUR

Libraire du Collège de France, de l'École normale supérieure,
des Écoles françaises d'Athènes et de Rome
de la Société des Etudes historiques

7, RUE DE MÉDICIS, 7

—

1892

LE
DROIT COUTUMIER

DES

KHEVSOURES

(PEUPLADE CAUCASIENNE)

PAR

Victor DINGELSTEDT

MEMBRE DES SOCIÉTÉS DE GÉOGRAPHIE DU CAUCASE, D'ÉCOSSE ET DE GENÈVE
AUTEUR DU « RÉGIME PATRIARCAL. »

PARIS
ERNEST THORIN, ÉDITEUR

Libraire du Collège de France, de l'École normale supérieure,
des Écoles françaises d'Athènes et de Rome
de la Société des Etudes historiques
7, RUE DE MÉDICIS, 7

1892

Extrait de la *Revue générale du droit.*

TOULOUSE. — IMPRIMERIE A. CHAUVIN ET FILS, RUE DES SALENQUES, 28.

LE DROIT COUTUMIER DES KHEVSOURES

(PEUPLADE CAUCASIENNE) (1)

De même que chez tous les peuples barbares, les Khevsoures ne distinguent pas entre le droit pénal et le droit civil ni entre le droit public et le droit privé. Tout intérêt lésé, de quelque nature qu'il soit, revêt, en même temps, un caractère privé et un caractère public. Il est privé en ce sens qu'aucune intervention organisée par la communauté n'intervient pour redresser le tort infligé ou subi sans le consentement des parties intéressées ; il est public en ce que la communauté ne se désintéresse nullement de ce qui se passe dans son sein et que le redressement d'un tort exercé soit par l'action individuelle, soit par

(1) *Notice géographique sur le pays des Khevsoures.*
La Khevsourie est située dans le Caucase central, sur les deux versants de l'arête principale, au nord-ouest du mont Barbalo, entre 42° 30′ et 42° 45′ de latitude nord, et 42° 10′-42° 85′ de longitude orientale (méridien de Paris). Le versant nord forme, avec la pente méridionale de la chaîne parallèle, appelée « Bokovoï » (latérale), un cirque où se rassemblent les eaux qui donnent naissance à l'Argoun, affluent du Terek. Le versant sud de la Khevsourie est tourné vers la vallée d'Alazane (Kakhétie), célèbre par ses vins ; il est arrosé par Aragva, un des affluents d'Alazane, qui tombe elle-même dans le Koura. Les deux parties du pays, dont l'altitude moyenne dépasse 2,000 mètres, sont presque également accidentées, et présentent l'aspect extrêmement sauvage des successions de roches abruptes, de cañions profondes, des éboulis, d'amas de pierres, de précipices et de cluses au fond desquels mugissent les eaux bouillonnantes. Quelques sommets de montagnes s'élèvent dans la région des neiges éternelles. La superficie totale du pays est d'environ 2,000 kilomètres carrés, sa population ne dépasse pas 7,000 âmes. Le climat est rude ; beaucoup de terrains sont inhabitables. Les habitations se serrent dans les gorges formées par des courants d'eau. On élève le bétail, et on cultive l'orge et le seigle jusqu'à une altitude de 2,300 mètres.
Il existe peu de sentiers et presque pas de chemins praticables. En un mot, c'est un pays très sauvage, montagneux, où une nature grandiose ne sourit guère, et où l'homme, pour ne pas descendre à l'état de brute, est obligé de lutter vaillamment et obstinément.

l'intervention requise d'un tribunal, est soumis rigoureusement aux coutumes établies et au contrôle public. Nous dirons d'abord quelques mots de la juridiction pratiquée chez les Khevsoures.

Juridiction. — Les Khevsoures appellent le juge *btché* et la juridiction *btché-ba*. Ils n'ont pas de tribunal permanent. Dans chaque cas particulier, le choix des juges, dont le nombre varie, d'après son importance, depuis trois jusqu'à quinze, revient aux médiateurs pour les parties en litige. Dans l'esprit des Khevsoures, un *btché* doit être un homme inspiré, intelligent, perspicace, attentif, impertubable, et, de plus, profond connaisseur du droit coutumier. D'après eux, de tels hommes existent dans chaque communauté; à leur défaut, on en fait venir d'une communauté voisine. On fait également preuve de grandes exigences à l'égard des médiateurs, qui jouent un rôle important dans chaque procès. Le médiateur ou *shouamavali* doit être animé de bon vouloir envers chacune des parties en cause et n'avoir pas de rapport de parenté avec aucune d'elles. Pour l'instruction judiciaire, c'est aux médiateurs que les juges s'adressent en premier lieu. Les médiateurs, ainsi que les juges, sont entretenus (logés et nourris), durant le procès, aux frais des parties; les juges sont payés, en outre, au prorata de leur adjudication par la partie en faveur de laquelle ils se prononcent. C'est donc précisément le contraire de ce qui a lieu pour les juridictions européennes. Les pauvres qui veulent plaider (ce qui est, du reste, fort rare) payent peu de chose et même rien. Le tribunal siège dans le sanctuaire communal s'il s'agit d'une discussion entre membres d'une même communauté, ou bien sur quelque éminence, sur la colline, dans la forêt, au bord d'un ruisseau ou dans quelque autre endroit distinct situé à égale distance des villages en cause. Le jugement n'a jamais lieu dans un village ni même à sa proximité afin d'éviter les rencontres des plaideurs qui pourraient facilement en venir aux mains. Pour cette même raison, les assises s'ouvrent la nuit, sous la protection de l'obscurité. Comme dans l'ancienne Grèce, la coutume réclame un jugement bref et la fin du procès au maximum dans les trois jours, quelques grandes qu'en soient, d'ailleurs, les complications. On interroge un des plaideurs en l'absence de l'autre; c'est le sort consulté par un des juges qui décide qui, du plaignant ou du défendeur, aura le premier la parole. Lorsque le sort s'est prononcé, on laisse parler celui qu'il favorise et on éloigne l'autre. Après avoir laissé s'expliquer, on emmène celui qui a parlé le premier sous escorte afin qu'il n'y ait aucune occasion de rencontre avec son adversaire, qui est introduit alors. Ce dernier obtient à son tour la parole après avoir entendu le juge lui expliquer ce qui a été dit en son absence. Ce procédé d'interrogation des plaideurs à tour de rôle peut être répété sur l'avis des juges (1). Le Khevsour est sobre dans la parole, mais il estime l'éloquence.

Témoignage. — Le tribunal khevsour connaît deux genres de preuves : le témoignage et la prestation du serment. Le témoignage peut être simple ou rendu sous la foi du serment. Ne sont admis à témoigner comme témoins que des hommes réputés intelligents, craignant Dieu, honnêtes et jouissant de la confiance publique. Les juges n'acceptent pas le témoignage d'homme suspect de partialité, sauf le cas où le témoignage d'un tel homme est réclamé par les deux parties en cause ; mais, même en ce cas, les juges gardent une parfaite liberté d'appréciation quant au degré de confiance à avoir dans un tel témoignage.

Serment. — Tout Khevsour qui s'estime et jouit d'une bonne réputation peut prétendre au droit d'être cru sur sa simple parole, sans qu'il ait besoin de l'appuyer sur la foi du serment ; toutefois le serment peut être imposé par les juges à tout témoin oculaire d'un crime. Pour s'en dispenser, on paye quelquefois une rançon ou bien on se soumet à la cérémonie dite « l'endossement du péché. » Le serment est prêté en l'absence des juges et en présence d'un délégué de la partie adverse dans un lieu sacré. Après avoir reçu le serment imposé, le délégué en avise son commettant en présence d'un parent de l'homme assermenté. Dans les cas graves, par exemple pour les litiges concernant un immeuble, plusieurs témoignages sous serment sont réclamés.

Serment justificatif. — Il faut distinguer ce serment testimo-

____

(1) Chez les montagnards du Caucase occidental (Chapsough et Natoukhaï), les juges appelés à se prononcer se partagent, pour l'instruction, en deux groupes qui siègent à distances ne permettant pas de s'épier.

nial du serment justificatif déféré au plaignant dans le cas assez fréquent où il ne peut prouver autrement la justesse de sa cause. Ce serment est prêté par le plaignant avec le concours d'un ou plusieurs cojureurs, qui sont ses proches parents ou amis; il implique la résolution, de la part de ceux qui le prêtent, de subir les peines qui, selon la croyance générale, sont réservées au delà de la tombe aux parjures. Ce serment termine le litige et fait gagner le procès à celle des parties en faveur de laquelle il est rendu. Ce serment peut avoir lieu afin de faire disculper un prévenu du crime dont il est accusé, comme aussi dans les litiges concernant la propriété de l'immeuble pour trouver le vrai propriétaire. Dans ce dernier cas (qui est moins rare), le serment est prêté de la manière suivante : Amené devant les juges, le demandeur, avec un de ses parents comme cojureur, prend une poignée de terre appartenant au terrain litigieux, la place derrière son cou, et prononce d'une manière solennelle que le péché de la terre pèse sur moi, si je mens en affirmant que le terrain en dispute m'appartient. Le cojureur, de son côté, atteste la vérité de cette affirmation. — Dans les cas plus graves, quand il s'agit d'une propriété d'une certaine étendue, on apporte la bannière et on fait passer le demandeur, avec son ami-cojureur, par certains préparatifs propres à rehausser à leurs yeux l'importance de l'acte qu'ils sont en train d'accomplir. On leur fait prendre trois jours de suite un bain à jeun, et on leur fait faire le tour de la propriété contestée nu-pieds, vêtus seulement de caleçons et la chemise ouverte.

Le serment purement justificatif est prêté par le prévenu, également avec l'assistance d'un cojureur, dans un lieu sacré. Les personnes en train de se justifier par un serment doivent « *se purifier,* » c'est-à-dire prendre un bain à jeun. Elles apportent ensuite en sacrifice une brebis ou une vache, que le prêtre, appelé à cet effet, immole en faisant une prière et en s'adjugeant la part considérable qui lui est due. Lors de la prestation du serment, on touche de la main l'image d'un saint ou bien le mur d'un sanctuaire, en prononçant cette formule : Que le courroux du saint m'atteigne si je mens; ou bien : Victorieux! si j'ai volé ton argent, poursuis-moi de génération en génération; mais si je suis innocent, que ton courroux se tourne contre mon accusateur. Pour ne pas entendre ces paroles, dont les conséquences sont considérées, pour le parjure, comme terribles, le prêtre se bouche soigneusement les oreilles avec les doigts.

Serment réconciliateur. — Outre le serment justificatif, qui supprime toute prévention de crime pour celui qui s'y est soumis, les Khevsoures connaissent encore un serment réconciliateur institué en vue de permettre la réconciliation entre les intéressés, dans le cas où l'homicide a été la conséquence d'un hasard ou d'une maladresse d'un jeu. Le malheureux jouteur qui peut avoir causé, sans préméditation, la mort d'un de ses compagnons, doit, pour échapper à la vengeance des proches parents du mort, se déclarer prêt à jurer que la victime, selon la formule employée, est devenue froide par la mort naturelle et non pas à la suite des blessures à elle infligées. Pour qu'un tel serment prêté dans des conditions particulièrement solennelles puisse avoir lieu, il faut la décision préalable des juges élus et convoqués dans un plus grand nombre que dans les procès ordinaires. La prestation du serment se fait dans le cimetière, sur le tombeau de la victime. Au jour fixé pour la solennité, les proches parents de la victime commencent par déposer sur sa tombe des mets et des boissons en abondance. Les juges viennent ensuite tirer au sort pour déterminer qui d'entre eux aura à assister directement le jurateur. Ce dernier se place sur le tombeau avec quelques-uns de ses parents désignés comme cojureurs. Le juge indiqué par le sort s'empare alors d'une épine, et il en pique fortement les oreilles du prévenu et de tous ceux qui sont venus se placer à côté de lui. Cette cérémonie de l'incision aux oreilles, appelée « *khourisf-mottchra,* » est faite en vue de faire descendre sur la tombe de la victime les gouttes du sang de ceux qui en réclament la réconciliation. Pendant qu'on arrose ainsi du sang le tombeau de la malheureuse victime du hasard, le plus proche parent de celle-ci prononce, à l'adresse du prévenu qui jure être innocent, un discours dans lequel il lui rappelle les conditions humiliantes où se trouverait le parjure après sa mort. Que tu deviennes son inférieur si tu mens, dit-il, que tu sois obligé de lui réparer ses sabots d'écorce, de lui porter de l'eau, de coudre ses habits, de lui servir en toute chose; que tu deviennes son débiteur à jamais, et que lui, qu'il n'ait point d'affliction. Ce discours terminé et quand le jureur aura prononcé la formule du serment, on fait bénir les mets par un *khutzi* (prêtre), et on offre au prévenu et à ses hommes de la bière sacrée. Comme dernier témoignage de leur innocence, l'inculpé et ses hommes saisissent les vases remplis de bière et contenant des rognures d'argent, et en vident le contenu à trois reprises, l'un après l'autre. On s'assied ensuite autour du tombeau pour manger et boire, et dans les rasades répétées on noie souvent ce qui était resté encore du ressentiment.

Les délits, les peines. — Après avoir donné quelque idée des preuves judiciaires chez les Khevsoures, nous voudrions faire connaître les délits qui sont considérés, par les Khevsoures, comme justifiant la vengeance ou bien le recours aux tribunaux, mais qui ne sort pas entièrement du domaine de l'intérêt privé. Le droit coutumier des Khevsoures ne prévoit que trois genres de violences autorisant la personne lésée à recourir à la justice ou bien à chercher la satisfaction (c'est-à-dire la revanche) à son propre compte ; ce sont : l'homicide, la mutilation du corps et les blessures comme suite des coups portés.

Le meurtre. — Chacun est libre d'avoir recours à la justice, ou de chercher à se venger soi-même ; mais, en cas de meurtre, il est d'usage que les parents de la victime cherchent plutôt à exercer la vengeance qu'à faire appel aux tribunaux. Le crime est considéré comme plus ou moins grave, selon la position sociale du meurtrier à l'égard de sa victime. Le meurtre d'un parent ou d'un membre de la même communauté est plus grave que le meurtre d'un étranger, bien que le meurtre de sa propre femme ou de ses propres enfants soit moins grave que l'homicide d'un étranger. Le meurtre d'un enfant a autant d'importance que celui d'un adulte, mais le sexe est cause de différences : la vie d'un individu du sexe masculin étant évaluée le double du prix du sang fixé pour le meurtre d'une personne du sexe féminin.

Vengeance et composition. — Il n'y a donc que deux moyens d'obtenir satisfaction pour une offense : ou bien réclamer le sang pour le sang, ou bien composer avec les coupables en leur faisant payer le prix de l'offense d'après un tarif en usage. La composition, dont nous parlons plus loin, se pratique souvent par l'intermédiaire des tribunaux ; la vengeance est exécutée sans retard ; mais, dans tous les cas graves, il y a une certaine combinaison de ces deux moyens d'action : on satisfait au commencement, et jusqu'à une certaine limite, le premier besoin de vengeance, et on traite ensuite du sang refroidi, de la composition.

Vengeance. — Aussitôt qu'un homicide est connu par le village, toute la population valide se lève en masse, saisit ses armes, se dirige vers la demeure du meurtrier et la met à sac. Il est prudent, pour la famille de ce dernier, de laisser passer ce premier acte de ressentiment, et de se tenir cachée. Les parents de la victime organisent ensuite la recherche du meurtrier et de ses proches parents qui s'enfuient. C'est, paraît-il, à l'oncle maternel de la victime qu'incombe surtout le devoir d'obtenir la revanche.

Composition. — Mais, pendant que l'assassin se cache, les membres influents de sa tribu cherchent à apaiser le courroux de la famille de la victime, et, par l'intermédiaire d'un *btché* (juge), on s'empresse à lui offrir deux chaudrons et un jeune bœuf comme le premier acompte d'une composition à régler ensuite. L'assassin continue à se cacher encore durant une année, mais les poursuites sont naturellement arrêtées. Au bout d'un an, le meurtrier désireux d'obtenir la paix se glisse furtivement, avec un de ses frères, dans le sanctuaire du village de la famille de sa victime, y fait des offrandes et s'y met sous la protection du saint. Dès que ce fait est su, la communauté lésée se lève, chacun s'empare de ses armes, revêt ses cottes de mailles, et s'écrie que le sang versé réclame le sang. Mais il ne faut pas céder à ces apparences; un intermédiaire — quelque membre respectable de la tribu lésée, dont le parti du meurtrier prend soin à s'assurer d'avance les bons offices — survient pour promettre, au nom des adversaires, qu'une entière satisfaction pour le meurtre sera donnée. On se rend dans le village du meurtrier, et, s'arrêtant sur le toit d'une des cabanes, à sa proximité on demande à haute voix si la satisfaction promise sera donnée. Sur une réponse rassurante, la partie de la victime se rend à l'invitation d'un repas commun chez ses adversaires. C'est le premier acte de réconciliation. Le lendemain, la partie lésée expédie deux de ses hommes pour choisir, dans le troupeau appartenant à la tribu du meurtrier, deux des meilleurs moutons comme un acompte sur la composition que cette dernière aura à payer ensuite pour mettre fin à la querelle, et dont le montant, selon la sentence des arbitres ou du tribunal, s'élève à quelques centaines de moutons (416). Le payement effectué, la réconciliation ne tarde pas à se raffermir, surtout après un nouveau repas dont la partie essentielle consiste en lait dans lequel on a raclé un peu d'argent. La querelle se prolonge quelquefois par suite des réclamations de l'oncle maternel de la victime, à qui l'usage reconnaît le droit de réclamer, pour sa part, une satisfaction indépendante de celle accordée déjà à la famille et à la tribu de la victime. La coutume veut aussi que le meurtrier, après s'être réconcilié avec les parents de la victime, se présente encore chaque année, un jour de fête, dans leur sanctuaire, pour immoler en sacrifice un mouton.

Le meurtre de sa femme ou de ses enfants ne provoque pas ces procédés de vengeance dont il vient d'être parlé; l'assassin est tenu seulement de payer aux parents de sa femme une compensation appelée *dedùlebs* consistant en vingt moutons ou quatre vaches. Bien que, dans le cas de meurtre, la partie lésée finisse souvent par composer avec la partie adverse, il n'en arrive pas moins que le précepte d'après lequel le sang doit être lavé par le sang soit suivi à la lettre; il n'est pas rare de voir un meurtre provoquer un meurtre, et même une longue série de vengeance sanglante. Même en consentant à une composition avec la partie du meurtrier, les parents de la victime du meurtre maintiennent la fiction de la vengeance, laquelle est commandée par la notion d'honneur et du devoir, si même elle n'est pas éveillée par le ressentiment ou la colère.

Mutilation et blessures. — Tout autre est le cas d'une blessure ou d'une mutilation. Ici il ne s'agit plus, pour la partie lésée, de verser le sang, mais de déterminer ce que vaut la blessure, d'après le tarif de composition, et d'en réclamer le montant. Ce montant se règle d'après la partie du corps atteinte et la gravité de la blessure. Quant à l'endroit de la blessure, on distingue surtout, selon l'ordre de leur importance, la région du cœur (*sagoulé*), qui est la partie du corps s'étendant depuis le cou jusqu'à la ceinture; la partie découverte du visage « au dessous des trois traits naturels du front; » la partie dite honteuse, entre la ceinture et les genoux; vient ensuite la partie chevelue de la tête et du visage, où les blessures sont d'une moindre importance. Les blessures sur le reste du corps sont considérées comme n'ayant pas de gravité et ne donnant lieu qu'à des démarches de courtoisie de la part du coupable envers le blessé, comme par exemple : invitation à prendre chez lui un verre de bière, ou bien à partager, en sa compagnie, une pièce de mouton qu'il payera. Les conséquences pénales d'une blessure se règlent aussi d'après sa gravité. Quelques blessures graves comme l'aveuglement total, la mutilation aux jambes et aux bras, etc., équivalent à un meurtre. Pour les blessures graves, on ne fait pas de distinction entre les sexes. Les blessures légères, au contraire, ne tirent pas à conséquence. Les Khevsoures aiment passionnément l'escrime, auquel ils sont initiés dès leur bas âge. Ils aiment à exhiber leur dextérité en public, et, pendant leurs fêtes, ils ne manquent jamais de faire jouer leurs sabres, leurs poignards et leurs gants à pointes de fer. En vrais amateurs de ces jeux de vaillance et d'adresse, ils tiennent à laisser à l'adversaire le souvenir d'une cicatrice (*ketchuaoba*), et il y a peu de Khevsoures dont le visage n'en porte pas les traces, tout en évitant pourtant de porter une blessure grave ; elle dénoterait aussi un manque très blâmable de l'adresse et du sang froid.

Tarif de composition. — Voici les principales dispositions du tarif de composition en vigueur, applicable dans le cas où le prévenu s'avoue coupable, ou bien quand sa culpabilité est certaine :

1. — *a*) La blessure à la tête, avec la mise à nu du cerveau, 16 vaches.
    b) La fracture du crâne, avec le détachement des éclats, 5 vaches.
    c) Légère fracture du crâne, 3 vaches.
2. — *a*) Le genoux estropié, 30-35 vaches.
    b) Le nez coupé, 30 vaches.
    c) L'œil gauche crevé, 30 vaches.
    d) L'œil droit crevé, 35 vaches.
3. — *a*) La fracture du pouce, 5 vaches.
    b) La fracture de l'index, 4 vaches.
    c) La fracture du médius, 3 vaches.
    d) La fracture de l'annulaire, 2 vaches.

e) La fracture de l'auriculaire, 1 vache.

4. — L'oreille coupée, 5 vaches.

5. — Pour les blessures au visage, on distingue la partie chevelue de celle qui est découverte. Toute plaie infligée est mesurée, à l'effet de déterminer sa gravité, au moyen de grains d'orge ou de froment qui sont appliqués alternativement dans le sens de la longueur et de la largeur. Le nombre des grains qui serait nécessaire pour couvrir la plaie de la sorte, moins deux tiers pour la partie chevelue et un tiers pour la partie du visage découverte, détermine le nombre de vaches à payer comme composition.

6. — Pour toute blessure dont le siège se trouve entre la ceinture et les genoux (blessure « honteuse »), 9 vaches.

Le recouvrement des dettes. — Avant de terminer ce court aperçu du droit coutumier des Khevsoures, je crois devoir mentionner une institution singulière, propre aux Khevsoures comme à quelques autres peuplades caucasiennes, et dont le but est d'assurer au créancier le payement de son prêt tout en rendant très pénible la position du débiteur. Un créancier qui ne reçoit pas satisfaction à l'échéance peut chercher un tiers qui se chargera de payer l'emprunt, et qui obtient la faculté de réclamer au débiteur, à la nouvelle échéance, non plus le montant de la dette contractée, mais le double. Ce tiers (*mdzevali*) peut, à son tour, à l'expiration du terme, chercher un autre *mdzevali*, qui acquittera la dette avec le droit d'en réclamer le double du premier débiteur, ce qui fait déjà quatre fois le montant de l'emprunt. On comprend ainsi la portée d'un rude dicton khevsoure : « Les excréments d'une bête qu'on doit se transforment, dans les mains du créancier, en animal précieux. » Aussi comprend-on que le Khevsoure puisse surtout redouter, comme conséquence d'un parjure, de devenir, au delà du tombeau, le débiteur de son ennemi outragé.

TOULOUSE. — IMP. A. CHAUVIN ET FILS, RUE DES SALENQUES, 28.

Ernest THORIN, éditeur, 7, rue de Médicis, 7, à Paris

REVUE GÉNÉRALE
DU DROIT, DE LA LÉGISLATION

ET DE

LA JURISPRUDENCE

EN FRANCE ET A L'ÉTRANGER

Dirigée par MM.

A. BARTHELON
Conseiller à la Cour d'appel de Paris;

Alph. BOISTEL
Professeur à la Faculté de droit de Paris;

J. BRISSAUD
Professeur à la Faculté de droit de Toulouse;

Max. DELOCHE
de l'Institut;

Th. DUCROCQ
Professeur à la Faculté de droit de Paris, Doyen honoraire, Correspondant de l'Institut;

G. HUMBERT
Professeur honoraire à la Faculté de droit de Toulouse, Sénateur, Ancien Garde des Sceaux, Premier président de la Cour des comptes;

J^h LEFORT
Avocat au Conseil d'Etat et à la Cour de cassation;

Fréd. MATHÉUS
Ancien maître des requêtes au Conseil d'Etat;

H. PASCAUD
Conseiller à la Cour d'appel de Chambéry;

Aug. RIBÉREAU
Professeur à la Faculté de droit, à l'Ecole de commerce et d'industrie de Bordeaux.

H. BROCHER
Professeur de droit à l'Université de Genève.

Enrico FERRI
Député, Professeur à l'Université de Rome.

AVEC LE CONCOURS D'UN GRAND NOMBRE DE PROFESSEURS, DE MEMBRES DE LA MAGISTRATURE ET DU BARREAU FRANÇAIS ET ÉTRANGER

LA REVUE GÉNÉRALE DU DROIT

Paraît tous les deux mois (depuis le 1er janvier 1877) par livraisons de chacune six feuilles (*au moins*) grand in-8° cavalier et forme, à la fin de l'année, un fort volume de 600 à 650 pages, imprimé sur beau papier en caractères neufs.

Le prix de l'abonnement est de 16 fr. pour la France et les pays faisant partie de l'Union générale des postes. — Pour les autres pays, les frais de poste en sus. Prix du numéro double, séparément : 3 fr. 25.

Tout ce qui concerne la Revue doit être adressé *franco* à M. THORIN, éditeur-propriétaire-gérant de la **Revue générale du droit**.

On s'abonne, en province et à l'étranger, chez les principaux libraires et dans les bureaux de poste.